T0011600

VISTA™

Analizar
la estructura del texto informativo

Saber cómo el autor organizó o construyó el texto es importante para ayudarte a entenderlo mejor. Hay cinco maneras de estructurar un texto informativo:

Preguntas y palabras útiles para **analizar la estructura de un texto informativo:**

Secuencia

¿El texto expone el orden de algún suceso? **(fechas, antes, después, finalmente)**

Problema y solución

¿El texto describe cómo darle solución a algún problema? **(problema, solución, dilema, respuesta, pregunta, satisfacer)**

Comparar y contrastar

¿El texto explica en qué se parecen y se diferencian dos o más cosas? **(similar, parecido, diferente, desiguales, iguales, semejantes, mientras que, sin embargo)**

Descripción

¿El texto está describiendo algo? **(por ejemplo, tales como, así, de esta manera)**

Causa y efecto

¿El texto explica por qué sucede algo? **(porque, debido a, la razón es, como resultado, como consecuencia)**

Inventos

que nos mantienen

a salvo

Un invento es algo que una persona crea y que no existía antes. Puede ser un simple objeto, una nueva forma de hacer algo o una máquina.

Un invento generalmente se hace para resolver un problema o satisfacer una necesidad que tiene la gente. Los inventos cambian la forma en que vivimos o trabajamos. A menudo ahorran tiempo o nos facilitan algún trabajo.

Las personas que hacen **inventos** son inventores. Los inventores son buenos pensadores. Tienen ideas sobre cómo solucionar problemas y ayudar a las personas.

Algunos de los inventos más importantes son los relacionados con la seguridad. Estos inventos son cosas que mantienen a las personas sanas y a salvo de peligros. Estos inventos nos ayudan a estar seguros en automóviles y bicicletas. También hay inventos para mantenernos a salvo durante una tormenta o en una emergencia.

Cuando la gente empezó a manejar autos, las carreteras estaban llenas de ellos. Los autos compartían la carretera con carretas tiradas por caballos, bicicletas y gente caminando. Había pocas normas o leyes sobre el **tráfico** y las carreteras no tenían señales para los conductores.

Sin normas, la gente manejaba por donde quería y a la velocidad que le apetecía. Esto provocaba accidentes de autos y, a veces, las personas resultaban heridas.

Garrett Morgan

En 1923, Garrett Morgan inventó un semáforo de tres luces. El semáforo de Morgan era una señal en forma de T que les indicaba a los conductores cuándo detenerse, reducir la velocidad o avanzar.

El invento de Morgan ayudó a solucionar los problemas de tráfico y hacer que nuestras carreteras fueran más seguras. El semáforo rojo, amarillo y verde de hoy funciona de la misma manera. Los conductores esperan y se turnan para no chocar contra otros autos.

Hace mucho tiempo, las personas no podían conducir sus automóviles de manera segura cuando llovía o nevaba. Las gotas de agua y la nieve impedían a los conductores ver bien a través de los parabrisas de sus automóviles. Esto hacía que conducir fuera peligroso.

Muchas personas optaban por la seguridad y dejaban sus autos en casa los días de lluvia o nieve. Si manejaban, tenían que parar continuamente para salir y limpiar sus parabrisas.

Mary Anderson

En 1903, Mary Anderson vio cómo un conductor se detenía para limpiar la nieve del parabrisas. Esto le dio una idea. Inventó los limpiaparabrisas.

Los limpiaparabrisas se mueven de un lado al otro del parabrisas para limpiar la lluvia y la nieve. Los conductores no tienen que detenerse y salir de sus autos para limpiar el cristal. Los limpiaparabrisas hacen el trabajo.

Hoy en día, todos los automóviles, camiones y autobuses tienen limpiaparabrisas. Ahora la gente puede ver con mayor claridad cuando conducen bajo la lluvia y la nieve.

inventos para la seguridad en los autos

1912–1915

Se añaden a todos los coches faros eléctricos, luces traseras y luces de freno. Estas luces ayudan a los conductores a ver la carretera y otros autos en la oscuridad.

1921

Elmer Berger fabrica espejos retrovisores para automóviles estadounidenses. Los espejos retrovisores ayudan a los conductores a ver los automóviles que vienen detrás de ellos.

2018

Las cámaras de visión trasera y las pantallas de vídeo son **obligatorias** en todos los autos nuevos de Estados Unidos. Una pantalla muestra lo que hay detrás o alrededor del auto.

1952

John W. Hetrick inventa la bolsa de aire para el auto. Las bolsas de aire protegen a las personas en un accidente.

1959

Nils Bohlin inventa el cinturón de seguridad de tres puntos. Un cinturón de seguridad que se coloca sobre el hombro y la cadera y lo mantiene seguro cuando un automóvil se detiene repentinamente o choca.

Algunas de las primeras bicicletas se llamaban de rueda alta por su gran rueda delantera. Eran muy altas, y el ciclista se tenía que sentar arriba.

Una gran rueda delantera ayudaba a la bicicleta a ir más rápido. La rueda trasera pequeña ayudaba a mantener estable la bicicleta.

Estas bicicletas tenían algunos problemas. Eran difíciles de conducir y eran demasiado altas para la mayoría de las personas. Subir y bajar del asiento era un problema.

J.K. Starley

J.K. Starley inventó una bicicleta que fuera segura para la mayoría de las personas. Era fácil subir y bajar de esta nueva bicicleta. Incluso los niños podían montarlas.

El invento de Starley ayudó a popularizar las bicicletas en todo el mundo. Antes del invento del automóvil, las bicicletas ofrecían a la gente una manera fácil de moverse por la ciudad sin necesidad de un caballo.

La nueva bicicleta era muy parecida a las que montamos hoy en día. Ahora, las bicicletas son más seguras que nunca gracias a los frenos y a los gruesos neumáticos de goma.

Los primeros ciclistas también tenían otro problema. A veces se caían de la bicicleta y se golpeaban la cabeza contra el suelo.

Los sombreros de cuero que algunos llevaban en aquella época no los mantenían realmente a salvo. Más tarde, los ciclistas usaron cascos fabricados para la escalada u otros deportes. Estos tampoco funcionaron muy bien.

Finalmente, alguien inventó un casco de seguridad hecho específicamente para los ciclistas.

¡EXTRA!

BICICLETAS EN TODAS PARTES

¡Algunas ciudades son seguras para los ciclistas!

- Xiamen (China) tiene el puente para bicicletas más largo del mundo. La gente circula por un sendero situado en lo alto de las carreteras.

- La ciudad de Nueva York tiene cientos de millas de carriles para bicicletas, más que cualquier otra ciudad de Estados Unidos.

- Copenhague (Dinamarca) tiene autopistas para bicicletas. La ciudad suele tener más tráfico de bicicletas que de autos.

- En Bogotá (Colombia), hay carreteras que abren solo para bicicletas y peatones los domingos.

El casco de ciclista es duro por fuera y acolchado por dentro. Se sujeta con una correa en la barbilla y es cómodo de llevar.

Hoy en día, los cascos de bicicleta vienen en diferentes estilos y colores. Algunos tienen luces y brillan en la oscuridad. Muchas ciudades y pueblos tienen normas que obligan a los ciclistas a llevar cascos por su seguridad.

DÍA DE LA SEGURIDAD EN BICICLETA

Sábado, 12 de junio, 2:00 – 5:00 p. m.

Estacionamiento del Centro Comunitario de Greenville

El Departamento de Policía y el Departamento de Bomberos de Greenville organizarán un Día de Seguridad en Bicicleta para niños de 6 a 14 años.

¡Cascos de bicicleta gratis para los primeros 100 niños!

¡Comida, bebidas y premios!

☑ Haz que uno de nuestros oficiales revise tu bicicleta y tu casco.

☑ Realiza nuestro curso de seguridad en bicicleta.

☑ Aprende las normas de seguridad en bicicleta.

☑ Aprende y practica las **señales** de mano que te mantendrán seguro en la carretera.

SEÑALES DE MANO PARA CICLISTAS

La gente utiliza estas señales cuando monta en bicicleta. Ayudan a los conductores, a otros ciclistas y a los peatones a saber qué va a hacer el ciclista en su bicicleta.

◀ DOBLAR A LA IZQUIERDA   ▶ DOBLAR A LA DERECHA   ■ VOY A PARAR

Hace varios cientos de años, la gente empezó a construir
edificios más altos. Estos edificios permitieron que más
gente viviera en las ciudades, donde no había tanto
espacio para construir nuevas casas y edificios.

Estos edificios altos resolvieron un problema, pero crearon
otro. Cuando había tormentas eléctricas, los rayos
a veces caían sobre los edificios y provocaban incendios
que dañaban o destruían los edificios.

Benjamín Franklin

En 1749, luego de varios experimentos, Benjamín Franklin descubrió que los rayos eran una forma de electricidad. Más tarde, Franklin inventó el pararrayos para proteger las casas y los edificios de los rayos. El pararrayos era una larga barra de hierro añadida al tejado de un edificio. Durante una tormenta, los rayos impactaban en el pararrayos en lugar de hacerlo en el tejado. Entonces, un largo cable llevaba la electricidad desde el pararrayos hasta el suelo.

El pararrayos salvó muchos edificios y protegió a las personas que vivían y trabajaban en su interior. Hoy en día, la mayoría de los edificios altos y **rascacielos** tienen pararrayos.

¿Quién fue Benjamín Franklin?

Benjamín Franklin fue un gran líder estadounidense y uno de los padres fundadores de los Estados Unidos. Vivió entre 1706 y 1790.

Franklin también fue un gran pensador. Fue líder político, inventor, científico y autor. Ayudó a desarrollar el pararrayos, así como otros inventos, como una estufa de leña, un tipo de lentes, una mecedora y el primer centavo estadounidense.

Franklin logró grandes cosas que ayudaron al pueblo estadounidense y a sus comunidades. Ayudó a crear la primera oficina de correos de EE.UU., uno de los primeros hospitales de la nación, un departamento de bomberos y una de las primeras bibliotecas públicas.

En la actualidad, la imagen de Benjamín Franklin aparece en el billete de 100 dólares.

Hoy en día, muchas personas viven en edificios de apartamentos o trabajan en altos edificios de oficinas, pero hace muchos años, este tipo de edificios no siempre eran seguros. En los edificios no había una escalera para escapar en caso de incendio o emergencia. La gente podía caerse o quedar atrapada en un edificio en llamas.

En 1887, Anna Connelly tuvo una idea para resolver este problema. Inventó un tipo de escalera de incendios para el exterior de los edificios. La escalera de incendios de Connelly era un puente de acero con barandillas laterales. Se añadía al tejado o al exterior de las ventanas de un edificio alto. Este tipo de escalera de incendios permitía a la gente salir de los edificios en caso de emergencia.

Más tarde, las salidas de incendios tuvieron escaleras que ayudaban a la gente a bajar a la calle. Algunos edificios nuevos tienen ahora escaleras especiales en su interior que la gente puede utilizar para **evacuar** rápidamente un edificio en caso de emergencia.

Inventos relacionados con
la salud y la seguridad

Algunos inventos se hacen para solucionar problemas y mantener a la gente sana. Estos se inventaron hace mucho tiempo, pero todavía utilizamos una versión más moderna de ellos hoy en día.

Lentes

lentes

Durante muchos años, la gente ha utilizado algún tipo de lentes para poder ver mejor. En el año 1200, se fabricaban lentes de cristal o vidrio transparente. En 1727, el Dr. Edward Scarlett fabricó la primera montura de lentes que se podía llevar sobre las orejas y la nariz.

Estetoscopio

En 1816, el Dr. René Laënnec descubrió una nueva forma de conocer el cuerpo humano y saber si alguien estaba enfermo.

Inventó el primer estetoscopio. Este instrumento permite al médico escuchar el corazón del paciente y los sonidos que se producen en el interior del cuerpo.

estetoscopio

Curitas

¿Te has cortado alguna vez un dedo o te has raspado la rodilla? Entonces, tienes que darle las gracias a Earle Dickson por la curita que utilizaste para cubrir tu herida. En 1920, Dickson inventó la primera venda que se pegaba a la piel. Esta venda mantenía las **heridas** limpias y seguras.

curitas

Penicilina

Hace mucho tiempo, la gente se enfermaba y moría de cosas que hoy son totalmente curables. En 1928, Alexander Fleming hizo un importante descubrimiento médico. Lo llamó penicilina. Más tarde, Howard Florey y Ernst Chain crearon un medicamento a partir del descubrimiento de Fleming. También lo llamaron penicilina. Es uno de los descubrimientos **médicos** más importantes. Ha salvado muchas vidas.

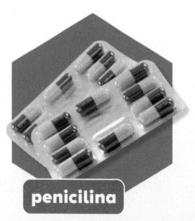

penicilina

específicamente precisamente

evacuar salir rápidamente

frenos detienen o reducen la velocidad de una bicicleta

fundadores personas que inician o crean algo

herida cortadura o arañazo en el cuerpo

inventores personas que crean algo por primera vez

médico que tiene que ver con la salud o la medicina

obligatorio que tienes que hacerlo

rascacielos edificios muy altos que suelen estar en las ciudades

señales movimientos o signos que envían un mensaje

tráfico movimiento de todos los autos, camiones, autobuses o bicicletas en una carretera

Photography and Art Credits

All images © by Vista Higher Learning unless otherwise noted.

Cover: (background) Amgun/Shutterstock; Sergey Novikov/Shutterstock.

Master Art: (t) Nortivision/Shutterstock; (b) MaxyM/Shutterstock; Frame Art/Shutterstock; **4:** Thepalmer/Getty Images; **5:** Olena Yakobchuk/Shutterstock; **6:** Everett Collection/Shutterstock; **7:** Bachtub Dmitrii/Shutterstock; **8:** Fotofritz/Alamy; **9:** Justek16/Deposit Photos; **10-11:** Amgun/Shutterstock; **10:** (t) Fine Arts/Alamy; (b) Alexander Varbenov/Shutterstock; **11:** (t) Attapon Thana/Shutterstock; (m) Visoot2222/Deposit Photos; (b) Lzf/Shutterstock; **12:** HodagMedia/Shutterstock; **14:** HodagMedia/Shutterstock; **15:** Sergey Novikov/Shutterstock; ChinaImages/Deposit Photos; **16:** (t) PenWin/Shutterstock; (b) Suzanne Tucker/Shutterstock; **17:** Chirayusarts/Shutterstock; **18:** Ilbusca/Getty Images; **19:** Orion Media Group/Shutterstock; Georgios Kollidas/Alamy; **20:** (t) Chanau/Shutterstock; (bl) Tetra Images/Getty Images; (bm) Ttravelpixpro/Getty Images; (br) W. Scott McGill/Shutterstock; **21:** (t) Actionsports/Deposit Photos; (m) Olga Popova/123RF; (b) Chones/Shutterstock; **22:** Wierzchu/Shutterstock; **23:** Felix Lipov/Shutterstock; **24-25:** StarLine/Shutterstock; **24:** (t) Aha-Soft/Shutterstock; (m) Kamil Macniak/123RF; (b) J Stromme/Alamy; **25:** (t) Stocksnapper/Alamy; (b) Sasimoto/Deposit Photos.

© 2024, Vista Higher Learning, Inc.
500 Boylston Street, Suite 620
Boston, MA 02116-3736
www.vistahigherlearning.com
www.loqueleo.com/us

Dirección Creativa: José A. Blanco
Vicedirector Ejecutivo y Gerente General, K–12: Vincent Grosso
Desarrollo Editorial: Salwa Lacayo, Lisset López, Isabel C. Mendoza
Diseño: Radoslav Mateev, Gabriel Noreña, Andrés Vanegas, Manuela Zapata
Coordinación del proyecto: Karys Acosta, Tiffany Kayes
Derechos: Jorgensen Fernandez, Annie Pickert Fuller, Kristine Janssens
Producción: Thomas Casallas, Oscar Díez, Sebastián Díez, Andrés Escobar, Adriana Jaramillo Daniel Lopera, Daniela Peláez

Inventos que nos mantienen a salvo
ISBN: 978-1-66992-202-5

Printed in the United States of America

1 2 3 4 5 6 7 8 9 GP 29 28 27 26 25 24